yukismart.com/b/697ba6
AF364834
1
2

pomme
แอปเปิล
aeppoen

banane
กล้วย
kluai

poire
แพร์
phae

cerise
เชอร์รี
choeri

citron vert

มะนาว

manao

citron

มะนาว

manao

coing

ควินซ์

khwin

kiwi

กีวี

kiwi

raisins

องุ่น

angun

pastèque

แตงโม

taengmo

orange

ส้ม

som

clémentine

ส้มคลีเมนไทน์

som khli men thai

fraise

สตรอว์เบอร์รี

sot ro boe ri

framboise

ราสเบอร์รี

ra saboe ri

canneberge

แครนเบอร์รี

khrae ri

myrtille

บลูเบอร์รี

blu boe ri

groseille

ลูกเกด

lukket

mûre

แบล็คเบอร์รี

blaek boe ri

jus
น้ำผลไม้
namphonlamai

confiture
แยม
yaem

tartine
ขนมปังปิ้ง
khanompangping

pamplemousse

ส้มโอ

som-o

melon

เมลอน

me lon

pomelo

ส้มโอ

som-o

kumquat

ส้มจี๊ด

som chit

mirabelle

พลัมมิราเบล

phlam mi ra ben

pêche

พีช

phicha

abricot

แอปริคอท

ae pari khot

prune

พลัม

phlam

ananas

สับปะรด

sapparot

grenade

ทับทิม

thapthim

olive

มะกอก

makok

figue

มะเดื่อ

maduea

date

อินทผลัม

inthaphalam

avocat

อะโวคาโด

awokhado

litchi

ลิ้นจี

linchi

kaki

ลูกพลับ

luk phlap

carambole

มะเฟือง

mafueang

mangue

มะม่วง

mamuang

ramboutan

เงาะ

ngo

longane

ลำไย

lamyai

langsat

ลางสาด

langsat

mangoustan

มังคุด

mangkhut

jacquier

ขนุน

khanun

sapotille

ละมุด

lamut

goyave

ฝรั่ง

farang

jujube

พุทรา

phutsa

durian

ทุเรียน

thurian

corossol

ทุเรียนเทศ

thurianthet

papaye

มะละกอ

malako

fruit du dragon

แก้วมังกร

kaeo mangkon

noix de coco

มะพร้าว

maphrao

cacao
โกโก้
koko

chocolat
ช็อกโกแลต
chokkolaet

pomme de terre

มันฝรั่ง

manfarang

maïs

ข้าวโพด

khaophot

patate douce

มันหวาน

man wan

citrouille

ฟักทอง

fakthong

butternut

ฟักทองบัตเตอร์นัท

fakthong bat toe nat

manioc

มันสำปะหลัง

mansampalang

carotte

แครอท

khaerot

tomate

มะเขือเทศ

makhueathet

champignon

เห็ด

het

brocoli
บร็อคโคลี
brok kho li

asperge
หน่อไม้ฝรั่ง
nomaifarang

artichaut
อาร์ติโชค
a ti chok

concombre
แตงกวา
taengkawa

épinard
ผักโขม

phakkhom

chou-fleur
กะหล่ำดอก

kalamdok

courgette
ซุกินี

su kini

salade

ผักกาด

phakkat

chou

กะหล่ำปลี

kalampli

aubergine

มะเขือ

makhuea

navet

หัวผักกาด

huaphakkat

radis

หัวไชเท้า

huachaithao

betterave

บีทรูท

bi tharut

rhubarbe

รูบาร์บ

ru bap

chou de Bruxelles

กะหล่ำดาว

kalamdao

poireau

กระเทียมต้น

krathiamton

menthe

สะระแหน่

saranae

céleri-rave

หัวขึ้นฉ่ายฝรั่ง

hua khuenchai farang

endive

เอนไดฟ์

en dai

céleri

คืนช่าย

khuen chai

petits pois

ถั่ว

thua

pois chiches

ถั่วชิกพี

thua chik phi

haricot vert
ถั่วฝักยาว
thuafakyao

haricot rouge
ถั่วแดง

thuadaeng

haricot mungo
ถั่วเขียว

thuakhiao

fenouil

ยีหร่าฝรั่ง

yira farang

panais

พาร์สนิป

pha sanip

poivron

พริกหวาน

phrik wan

piment

พริก

phrik

poivre

พริกไทย

phrikthai

oignon
หัวหอม
huahom

ail
กระเทียม
krathiam

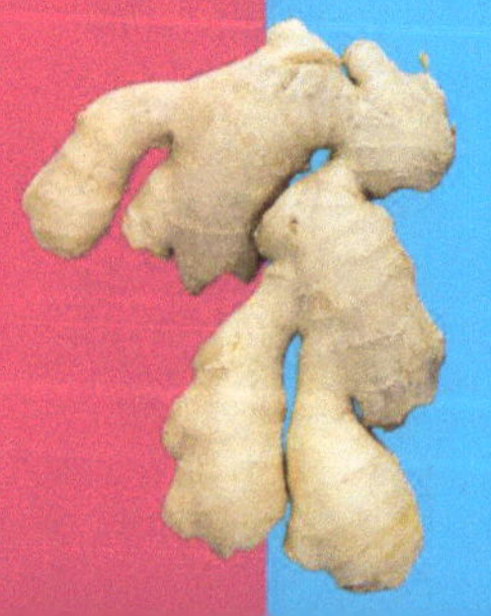

gingembre
ขิง
khing

noix de macadamia

แมคคาเดเมีย

maek kha de mia

noix de pécan

ถั่วพีแคน

thua phi khaen

noix de cajou

เม็ดมะม่วงหิมพานต์

metmamuanghimmaphan

noisettes

ถั่วเฮเซลนัท

thua he sel nat

amande
อัลมอนด์
anmon

pistache
ถั่วพิสตาชิโอ
thua phitsa ta chi o

cacahuète
ถั่วลิสง
thualisong

châtaigne
เกาลัด
kaolat

noix
วอลนัท
wonnat

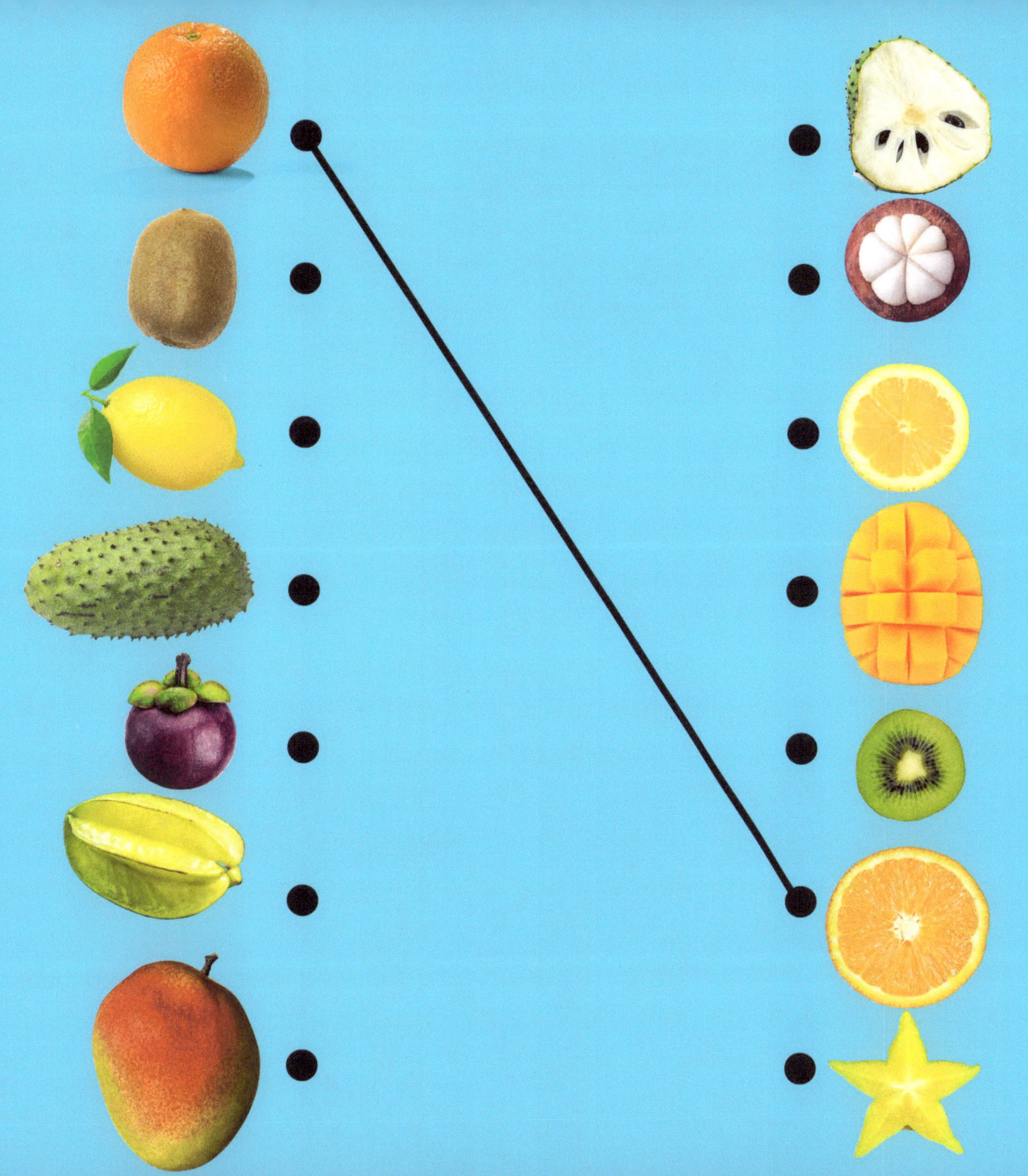